“共和国脊梁”科学家绘本丛书

造半导体的“笨孩子”

王守武的故事

任福君 主编

王慧斌 高晓玲 著 梁惠然 绘

北京出版集团
北 京 出 版 社

前言

回首近代的中国，积贫积弱，战火不断，民生凋敝。今天的中国，繁荣昌盛，国泰民安，欣欣向荣。当我们在享受如今的太平盛世时，不应忘记那些曾为祖国奉献了毕生心血的中国科学家。他们对民族复兴的使命担当、对科技创新的执着追求，标刻了民族精神的时代高度，书写了科学精神的永恒意义。他们爱国报国、敬业奉献、无私无畏、追求真理、不怕失败，为祖国科学事业的繁荣昌盛，默默地、无私地奉献着，是当之无愧的共和国脊梁，应被我们铭记。

孩子是祖国的未来，更是新时代的接班人。今天，我们更应为孩子们多树立优秀榜样，中国科学家就是其中之一。向孩子们讲述中国科学家的故事，弘扬其百折不挠、勇于创新的精神，是我们打造“‘共和国脊梁’科学家绘本丛书”的初衷，也是对中国科学家的致敬。

丛书依托于“老科学家学术成长资料采集工程”（以下简称“采集工程”）。这项规模宏大的工程启动于 2010 年，由中国科协联合中组部、教育部、科技部、工信部、财政部、原文化部、中国科学院、中国工程院等 11 个单位实施，目前已采集了 500 多位中国科学家的学术成长资料，积累了一大批实物和研究成果，被誉为“共和国科技史的活档案”。“采集工程”在社会上产生了广泛影响，但成果受众多为中学生及成人。

为了丰富“采集工程”成果的展现形式，并为年龄更小的孩子们提供优质的精神食粮，“采集工程”学术团队与北京出版集团共同策划了本套丛书。丛书由多位中国科学院院士、科学家家属、科学史研究者、绘本研究者等组成顾问委员会、编委会和审稿专家团队，共同为图书质量把关。丛书主要由“采集工程”学术团队的学者担任文字作者，并由新锐青年插画师绘图。2017 年 9 月启动“‘共和国脊梁’科学家绘本丛书”创作工程，精心打磨，倾注了多方人员的大量心血。

丛书通过绘本这种生动有趣的形式，向孩子们展示中国科学家的风采。根据“采集工程”积累的大量资料，如照片、手稿、音视频、研究报告等，我们在尊重科学史实的基础上，用简单易懂的文字、精美的绘画，讲述中国科学家的探索故事。每一本都有其特色，极具原创性。

丛书出版后，获得科学家家属、科学史研究者、绘本研究者等专业人士的高度认可，得到社会各界的高度好评，并获得多个奖项。

丛书选取了不同领域的多位中国科学家。他们是中国科学家的典型代表，对中国现代科学发展贡献巨大，他们的故事应当广泛流传。

“‘共和国脊梁’科学家绘本丛书”的出版对“采集工程”而言，是一次大胆而有益的尝试。如何用更好的方式讲述中国科学家故事、弘扬科学家精神，是我们一直在思考的问题。希望孩子们能从书中汲取些许养分，也希望家长、老师们能多向孩子们讲述科学家故事，传递科学家精神。

“‘共和国脊梁’科学家绘本丛书”编委会

致读者朋友

亲爱的读者朋友，很高兴你能翻开这套讲述中国科学家故事的绘本丛书。这些科学家为中国科学事业的繁荣昌盛做出了巨大贡献，是我们所有人的榜样，更是我们人生的指路明灯。

讲述科学家的故事并不容易，尤其是涉及专业词汇，这会使故事读起来有一些难度。在阅读过程中，我们有以下3点建议希望能为你提供帮助：

1.为了让阅读过程更顺畅，我们对一些比较难懂的词汇进行了说明，可以按照注释序号翻至“词汇园地”查看。如果有些词汇仍然不好理解，小朋友可以向大朋友请教。

2.在正文后附有科学家小传和年谱，以帮助你更好地认识每一位科学家，了解其个人经历与科学贡献，还可以把它们当作线索，进一步查找更多相关资料。

3.每本书的封底附有两个二维码。一个二维码是绘本的音频故事，扫码即可收听有声故事；另一个二维码是中国科学家博物馆的链接。中国科学家博物馆是专门以科学家为主题的博物馆，收藏着大量中国科学家的相关资料，希望这些丰富的资料能拓宽你的视野，让你感受到中国科学家的风采。

这是一个“笨孩子”的成长故事。
他叫王守武，出生在一个学霸家庭，
因为性格内向、不爱说话，
一度被家人认为有点儿笨。
又因为总是躺着看书，
他三年级就戴上了眼镜，常被同学取笑。
哎，“笨孩子”长大后怎么办呢？

小守武虽然“笨”，好奇心却很强。

他常常思考：

“为什么电灯会亮？”

“为什么钟表能整点报时？”

……

可是，因为担心提问后被说“笨”，

所以他常常把这些“为什么”闷在心里，自己琢磨。

有一次，小守武看到家里墙上的钉子，突然想：
这颗钉子如果穿过墙，会出现在哪儿呢？
可当他走到墙的另一面，
却没有看到钉子冒出来。
那该怎么找到钉子的对应位置呢？
小守武坐在板凳上，
两只小手托着下巴，思考了很久。

“有了！”小守武找来尺子和粉笔，开始了他的大工程。
他站在板凳上，先量出钉子距离地板的高度、钉子到墙角的距离。

再跑到墙的另一面，将量好尺寸的两条线对应地画在另一面墙上，
这两条线的交点不就是他要找的位置嘛！

兴奋的小守武没有想到，爸爸看到了他的整个测量过程，
居然头一次夸了他，小守武高兴极了。

小守武的爸爸开过工厂，
家里的一间屋子里堆满了各种各样的机械工具，
有老虎钳、手摇钻、锉刀、钢锯等等。

孩子们把这里当成了乐园，

自己动手制作钥匙链、喷水壶，甚至绕制变压器……

小守武非常痴迷于这些工具。

他用废旧的灯罩做车篷，灯头上的两个圈做轮子，

做出了一辆小小的黄包车。

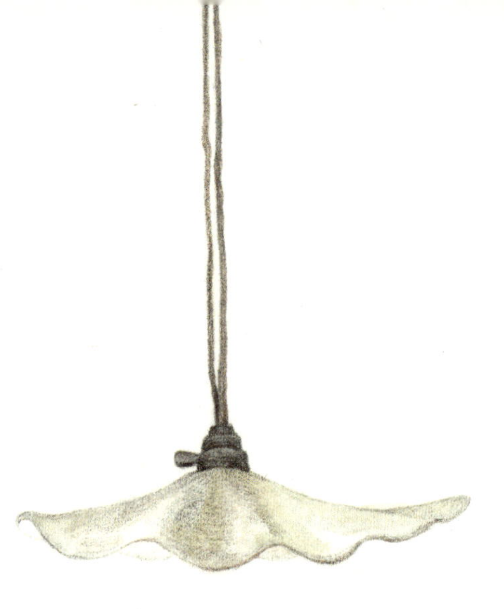

一天晚上，家里的灯泡不亮了，爸爸便换上了新灯泡。

这件普通的小事，让小守武和二哥充满好奇。

他们捡回坏掉的灯泡，发现里面的灯丝断了，
便小心翼翼地敲碎灯泡，再用镊子把灯丝连接到一起。
可是，等他们把旧灯泡换上，
不仅这个灯没有亮，家里其他的灯也都不亮了。
“要是爸爸回来了，准会骂我们！”二哥着急地说。
小哥儿俩赶紧忙活起来，想把电灯修好。

正在这时，爸爸回家了。

看到家中灯都不亮了，便问兄弟俩怎么回事。

听完事情的经过和兄弟俩的试验，爸爸并没有责备他们，

而是笑着给他们解释，因为保险丝烧了。

爸爸拉开电闸盖，

像老师一样介绍了很多关于保险丝的知识。

从此以后，王守武对与电相关的知识产生了浓厚的兴趣。

小守武的爸爸重视数学，
孩子们的数学要考100分，他才满意。
爸爸常常给孩子们讲数学问题和数学故事，
还从旧货摊买来一台手摇计算机，
给孩子们演示如何计算。
虽然小守武听不太懂，
但还是默默记下了“π”这个数学符号。

在学校里，王守武也喜欢数学课。
因为数学不需要死记太多内容，
正好适合他这个“笨孩子”！
每次拿到新的数学课本，
王守武总是迫不及待地从头读到尾，
哪里不懂就自己查资料，直到弄懂。
他的成绩变得越来越好，
高中时，他还发表了关于圆周率“π”的论文，
总算弥补了小时候听不懂“π”的遗憾。

小小年纪的王守武就懂得求学救国的道理。

六年级时，他写出一篇题为《我们现在和将来的责任》的短文：

诸位朋友，你可知道我们中国多么危险呀。

正像一根没有再细的头发吊着，飘摇在那漫无边际的天空，还要被那风吹雨打。

……

现今的我们，应当努力读书，切实地去求学问，
去求那真实的学问，去求那高深的学问！

之后的求学路，因为战争变得更加艰难，
但这更坚定了王守武“救中国”的决心。

抗日战争结束后，王守武远赴美国学习物理。
在那里，他切身体会到中国的落后，
于是更加渴望自己的国家变得强大。

PURDUE UNIVER

获得博士学位后，王守武一心想要回国。

只要能为国家做贡献，他什么都愿意干。

回国时，他带上了好几箱沉甸甸的工具和零部件，

这都是他做电学实验的必备仪器。

回国后，一次偶然的机会，
同事请王守武修理一个坏了的仪表。
王守武很快发现，
是仪表里的氧化亚铜整流器①出了故障。
但他并没有满足于修好仪表，
还通过认真查资料，搞清了这种整流器的工作原理，
再从自制氧化亚铜开始，试制这种整流器。
氧化亚铜是一种半导体②材料，
王守武由此开始了半导体研制工作。

在王守武和同事们的推动下，
发展半导体技术成为国家的一项紧急措施。
当时的中国，还生产不出半导体需要的锗单晶[3]。
虽然有外国的援助，
但王守武认为，中国还是需要自己制造。
他亲自动手，设计出了国内第一台单晶炉，
又带领团队拉制出了国内第一根锗单晶。

锗单晶

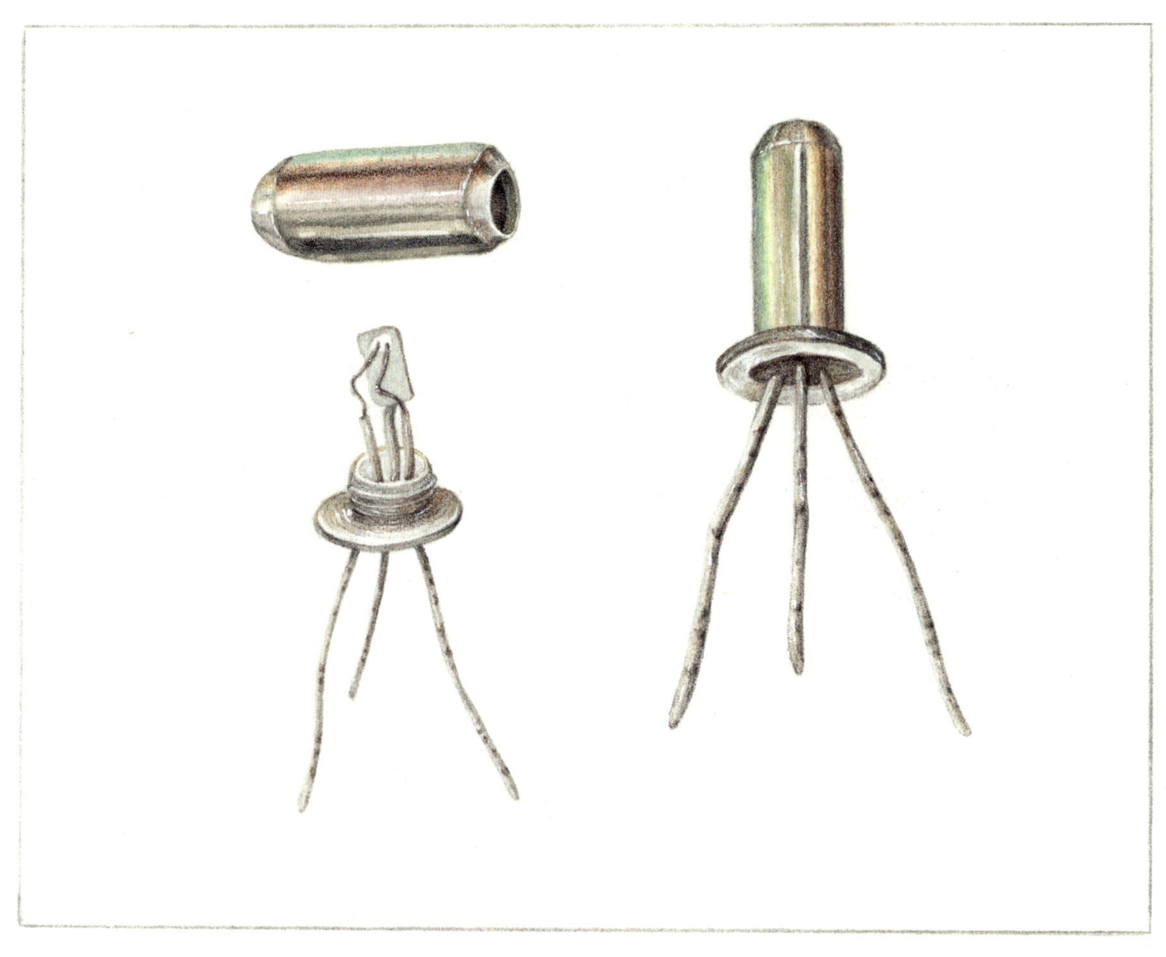

半导体是计算机必不可少的材料。

为了配合国家急需的晶体管计算机[④]“109机”的研制，

王守武和同事们组建了109厂[⑤]，

生产出国内首批锗晶体管、硅晶体管，

为中国的计算机研制和“两弹一星”[⑥]事业做出了重要贡献。

人们兴奋地说：

有了109厂，中国就有半导体事业了。

59岁时，王守武接到了研制大规模集成电路[7]的任务；两年后，他又承担了开展大规模集成电路生产试验的重任。

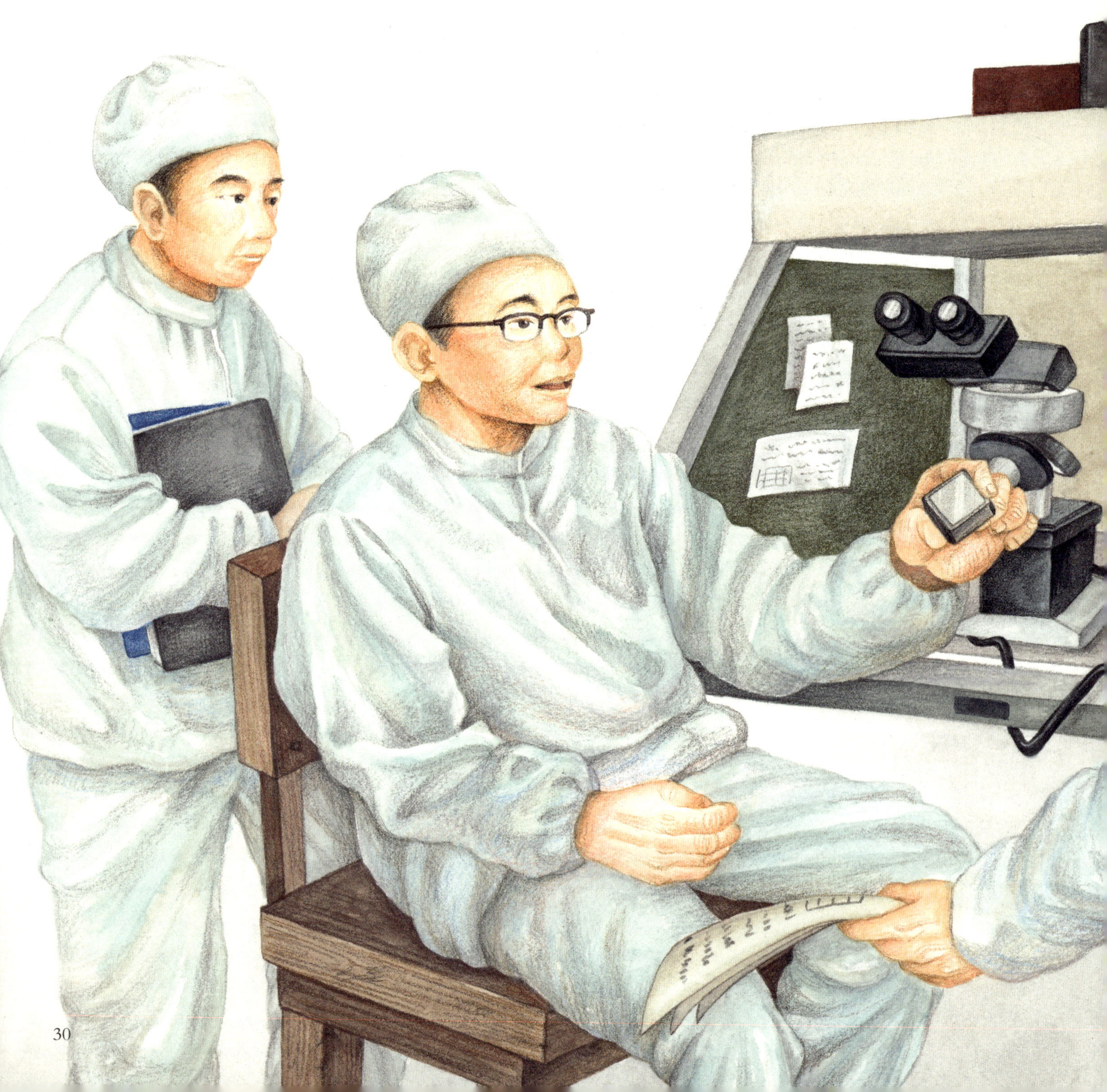

那时的工艺设备不稳定，
他便亲自查阅文献、动手尝试，
对每台设备都认真检修，对每道工序都细致检查，
大大提高了成品率。

因为超强的动手能力，

王守武又被大家称为“八级钳工科学家”。

当初的“笨孩子”，凭着对知识的渴望和不断尝试，
成了一名了不起的半导体器件物理学家、微电子学家。

他在少年时曾说过：
“一定要大家尽责，大家负责。
愿大家努力读书，努力前进。
还愿将来努力救国，努力富国，努力强国。”
王守武用自己的一生，兑现了他的诺言。

王守武小传

王守武于1919年出生在江苏一个书香门第。他的祖父是晚清进士，父亲曾在同文馆学习，还曾在中央研究院工作，家里有着浓厚的“科学救国”氛围。到王守武这一辈，家中出现了多名杰出科学家，其中有6名中国科学院院士（学部委员），包括：王守武、弟弟王守觉、姐夫陆学善，姑姑的女儿何泽慧和何泽慧的丈夫钱三强，以及姑姑另一个女儿的丈夫葛庭燧。但小时候的王守武并不起眼，在家人眼中是缺少机灵劲儿的“笨孩子”，还因生病错过了高中毕业会考。没有高中毕业证的王守武，从上海同济大学预科读起，于1941年大学毕业。

1945年，王守武来到美国普渡大学学习工程力学，先后获得硕士学位、博士学位。虽然在毕业后选择留校任教，但他一直期待着为祖国服务。在“中国留美科学工作者协会”的动员下，王守武全家于1950年搭乘“克利夫兰总统号”邮轮回国，同年进入中科院应用物理研究所工作。他为抗美援朝前线运输队设计过防空袭的车灯和路标，为西藏自治区设计过生活用太阳能灶。在一次修理仪表时，王守武对里面的氧化亚铜整流器产生了兴趣，开始从事半导体研究，此后在应用物理研究所新成立的电学组担任组长，还参与开设了北京大学物理系的“半导体物理学”课程。

1956年，王守武参与筹备的全国半导体物理学研讨会召开，他在会上做了题为《半导体整流器》的报告；同年，王守武在为制定《1956—1967年科学技术发展远景规划纲要》专门成立的半导体科学技术发展规划制定小组任副组长，这一规划将半导体技术的建立作为国家科技发展的57项任务之一和“四项紧急措施”之一。随着机构的调整，王守武先后担任了中科院应用物理研究所半导体研究室主任、中科院半导体研究所主管业务的副所长。他是中国第一台单晶炉的设计者，还是国内第一根锗单晶和第一根硅单晶拉制、第一批锗晶体管研制的主要领导者。他参与筹建了中国第一个晶体管工厂——“中国科学院109厂”，还组建了测试半导体材料和器件的全国半导体材料中心。

1963年起，王守武致力于半导体激光器的研究工作，促成了中国第一个砷化镓激光器的成功研制。此后，王守武还组织研究了砷化镓中高场畴[⑧]的动力学，并于1975年率中国固体物理考察组访美时，在美国物理学会年会上做了报告，引发关注。同年，美国固体物理代表团回访中国时，又将这一研究列为重点参观项目之一。

1978年以后，王守武领导了大规模集成电路的研制和生产试验工作，主持研制成功4千位、16千位的MOS大规模集成电路，在兼任109厂厂长后推行科学管理，使大规模集成电路的成品率显著提高、成本大为降低。1980年当选为中科院学部委员后，王守武继续致力于半导体器件和集成电路的研究与战略谋划。他多次呼吁，要在引进消化外国技术的基础上，加强自主研究与开发。“笨孩子”最终成为中国半导体事业的重要开拓者。

王守武年谱

1
1919 年
出生于江苏苏州。

2
1930 年（11 岁）
在上海私立民智中小学校报《民智》（男生专号）上发表文章《我们现在和将来的责任》。

3
1935 年（16 岁）
在苏州中学校刊上发表文章《圆周率 π 的级数展开》；同年入上海同济大学预科，次年正式进入同济大学电工机械系学习。

4
1941 年（22 岁）
大学毕业，进入云南昆明中央机器厂工作。

5
1945 年（26 岁）
赴美国普渡大学攻读硕士。

6
1946 年（27 岁）
获硕士学位，继续攻读美国普渡大学博士。

7
1949 年（30 岁）
获博士学位，留在美国普渡大学任教。

8
1950 年（31 岁）
全家回国，进入中国科学院应用物理研究所工作。

9
1951 年（32 岁）
开始半导体整流器研究，任中科院应用物理研究所电学组组长。

10
1955 年（36 岁）
参与北京大学物理系“半导体物理学”课程的开设。

11
1956 年（37 岁）
参与筹备的全国半导体物理学研讨会召开，并做报告；参加《1956—1967 年科学技术发展远景规划纲要》编制，任半导体科学技术发展规划制定小组副组长；任中科院应用物理研究所半导体研究室主任；赴苏联考察半导体研究。

12
1957 年（38 岁）
设计并指导制作中国第一台拉制半导体锗材料的单晶炉，领导拉制出中国第一根锗单晶。

13
1958 年（39 岁）

筹建中国科学院109厂。

14
1960 年（41 岁）

在新成立的中科院半导体研究所任主管业务的副所长，兼任全国半导体材料中心主任。

15
1963 年（44 岁）

主持研制出中国第一个砷化镓激光器。

16
1975 年（56 岁）

率固体物理考察组赴美国考察，在美国物理学会年会上报告平面耿氏器件中的畴雪崩现象。

17
1978 年（59 岁）

领导研制的室温同质结脉冲GaAs激光器、大气光通信与半导体激光器获全国科学大会奖。

18
1979 年（60 岁）

获“全国劳动模范”称号。

19
1980 年（61 岁）

兼任109厂厂长，创办《半导体学报》并任主编，当选为中科院技术科学部学部委员。

20
1983 年（64 岁）

兼任国务院电子振兴领导小组集成电路顾问组组长。

21
1986 年（67 岁）

在以109厂为基础组建的中科院微电子中心任名誉主任。

22
1987 年（68 岁）

参与的研究报告《世界新技术革命和我国的对策》获国家科学技术进步奖二等奖。

23
2000 年（81 岁）

获何梁何利基金科学与技术进步奖。

24
2014 年（95 岁）

因病于美国逝世。

词汇园地

①**整流器**：把交流电转换成直流电的装置。

②**半导体**：导电性能介于绝缘体与导体之间的物质，如锗、硅、硒和某些化合物。

③**单晶**：内部微粒在三维空间呈有规律的、周期性排列的晶体。

④**晶体管计算机**：主机采用晶体管等半导体器件的计算机。

⑤**109厂**：全称“中国科学院109厂”，因服务于109计算机的研制而得名。

⑥**“两弹一星”**：曾作为中国原子弹、导弹和人造卫星的简称，现通常指中国的核弹（原子弹和氢弹）、导弹和人造卫星。

⑦**集成电路**：把一个电路的元件及布线集合于一小块半导体晶片或介质基片上的器件。

⑧**高场畴**：器件上所加电压超过临界值时，内部产生的高电场区域。

参考资料：

1. 侯祥麟，罗沛霖，师昌绪等口述 .1950 年代归国留美科学家访谈录 [M]. 长沙：湖南教育出版社，2013.
2. 科学时报社编 . 请历史记住他们——中国科学家与“两弹一星”[M]. 广州：暨南大学出版社，1999.
3. 李艳平，康静，尹晓冬 . 硅芯筑梦：王守武传 [M]. 北京：中国科学技术出版社，上海：上海交通大学出版社，2015.
4. 王守泰等口述，张柏春访问整理 . 民国时期机电技术 [M]. 长沙：湖南教育出版社，2009.

图书在版编目（CIP）数据

造半导体的"笨孩子"：王守武的故事 / 任福君主编；王慧斌，高晓玲著；梁惠然绘. — 北京：北京出版社，2023.3
（"共和国脊梁"科学家绘本丛书）
ISBN 978-7-200-17228-7

Ⅰ. ①造… Ⅱ. ①任… ②王… ③高… ④梁… Ⅲ. ①王守武（1919-2014）—传记—少儿读物 Ⅳ. ①K826.11

中国版本图书馆CIP数据核字(2022)第121856号

选题策划　李清霞　袁　海
项目负责　刘　迁
责任编辑　张文川
装帧设计　刘　朋　耿　雯
责任印制　刘文豪
封面设计　黄明科
宣传营销　郑　龙　王　岩　安天训　孙一博
　　　　　郭　慧　马婷婷　胡　俊

"共和国脊梁"科学家绘本丛书
造半导体的"笨孩子"
王守武的故事
ZAO BANDAOTI DE "BEN HAIZI"

任福君　主编
王慧斌　高晓玲　著　梁惠然　绘

出　　版：北京出版集团
　　　　　北 京 出 版 社
地　　址：北京北三环中路6号
邮　　编：100120
网　　址：www.bph.com.cn
总 发 行：北京出版集团
经　　销：新华书店
印　　刷：北京博海升彩色印刷有限公司
版 印 次：2023年3月第1版　2024年3月第3次印刷
成品尺寸：215毫米×280毫米
印　　张：2.75
字　　数：30千字
书　　号：ISBN 978-7-200-17228-7
定　　价：25.00元

如有印装质量问题，由本社负责调换
质量监督电话：010-58572393
责任编辑电话：010-58572511
团 购 热 线：17701385675
　　　　　　18610320208

声明：为了较为真实地展现科学家生活的时代特征，部分页面有繁体字，特此说明。

学习中国科学家精神　树立优质学习榜样

让科学家精神世代传承
让孩子们立志成为共和国脊梁

本套绘本以适合儿童的故事内容和绘画形式彰显中国科学家精神，融学术性、科学性和艺术性于一体，是近年来看到的最好的儿童励志读物。

——韩启德（中国科学院院士）

少年立志，长大成才，奉献科学，一生精彩，堪为师表。

——刘嘉麒（中国科学院院士）

这是一套用爱心专门为孩子们讲述科学家故事的绘本。

——周忠和（中国科学院院士）

科学家学术成长资料采集工程
Collecting Project of Chinese Scientists' Historic Data

绿色印刷产品

扫一扫，倾听有声故事

扫一扫，进入中国科学家博物馆

建议上架：科普绘本

ISBN 978-7-200-17228-7

定价：25.00 元

京版若晴　丛书由中国科协“老科学家学术成长资料采集工程”提供学术指导

“彗”眼识星

张钰哲的故事

任福君　主编　张嘉懿　著　刘颖爽　绘

丛书荣获

2019 年中宣部主题出版重点出版物

2020 年国家出版基金资助

2022 年中宣部向全国青少年推荐百种优秀出版物

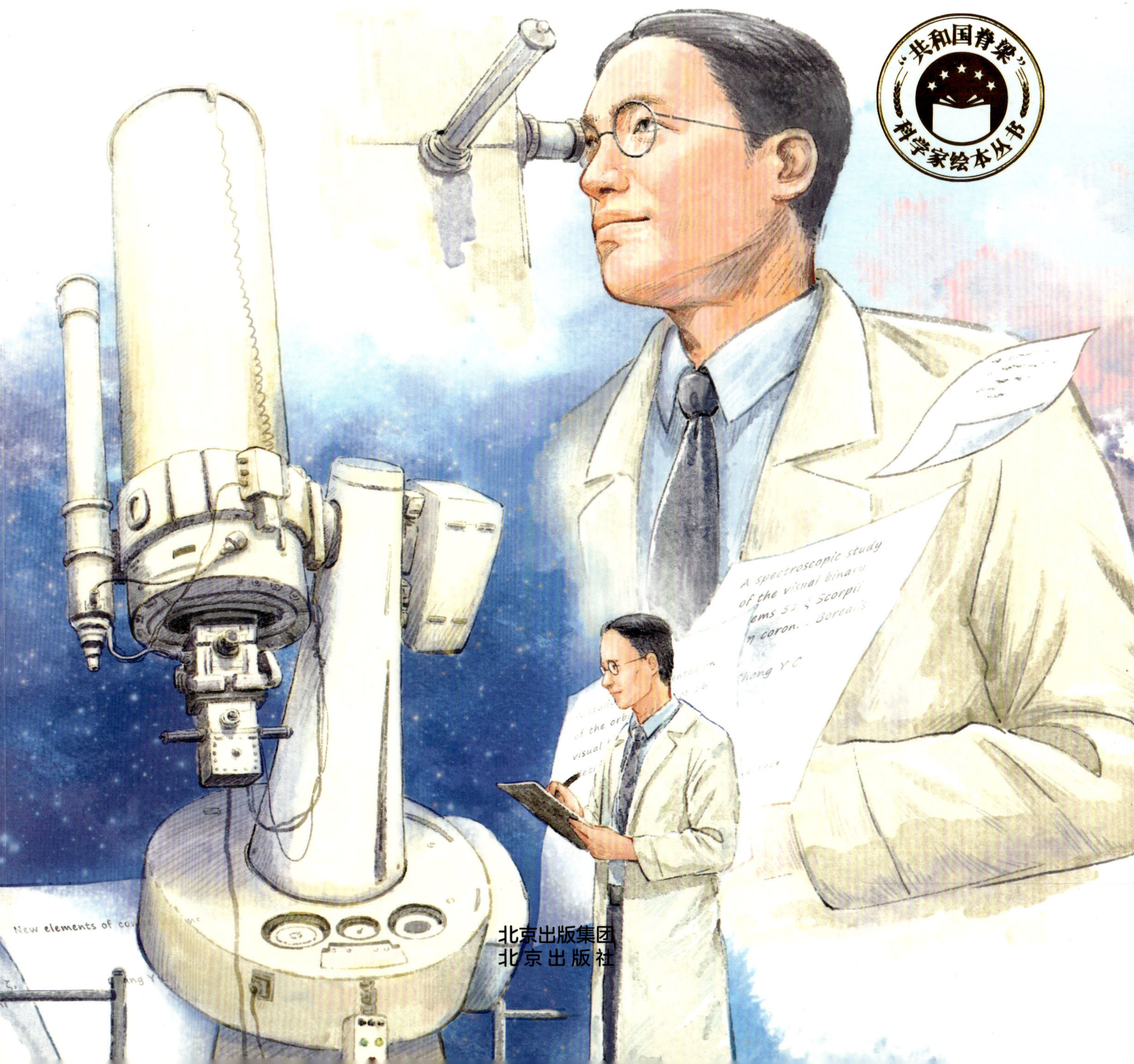

北京出版集团
北京出版社